Inhalt

Staatsanleihen - sicher oder doch nicht?

Kernthesen

Beitrag

Fallbeispiele

Weiterführende Literatur

Impressum

Staatsanleihen - sicher oder doch nicht?

G.Dengl

Kernthesen

- Die etwas "langweilige" Anlageform Staatsanleihe macht derzeit einen Imagewechsel durch. Durch die Turbulenzen um Griechenland stellt sich die grundsätzliche Frage, wie sicher Staatsanleihen wirklich sind.
- Geht man davon aus, dass Staaten so gut wie nie ausfallen, dann sind steigende Risikoaufschläge auf Staatsanleihen eigentlich nicht zu rechtfertigen. Doch genau das ist mit Griechenland-Anleihen passiert: sie wurden dadurch unnötig teuer.
- Wenn Spekulanten damit rechnen können, dass Länder der Eurozone immer gerettet

werden, lohnt es sich vielleicht Ängste zu schüren und den Preis hochzutreiben, bevor es zur letztendlichen Rettung kommt.

Beitrag

Staatsanleihen als Anlageform

Staatsanleihen (engl.: sovereign bonds, government bonds) galten als ziemlich sichere aber damit auch "langweilige" Anlageform. Langweilig, weil keine hohe Rendite damit zu erzielen war, aber auch nur ein geringes Risiko damit verbunden ist. Ganze Staaten galten als so gut wie ausfallsicher. Dieses Verständnis wurde aber nicht zuletzt durch das Beispiel Griechenlands auf eine harte Probe gestellt. Immer mehr Länder emittieren notgedrungen, um Ihre Staatshaushalte zu stabilisieren und um in Krisenzeiten mangelnde private Investitionen auf Staatskosten ausgleichen zu können. Damit einher gehen steigende Defizite und Staatsverschuldung, wodurch das Ausfallrisiko und damit auch die Zinsen steigen. De facto sind Staatsanleihen unbesicherte Kredite. Gekauft werden sie von allen Marktteilnehmern im In- und Ausland, d.h. Banken, Unternehmen und auch Privatpersonen. Genutzt werden sie hauptsächlich als langfristige Geldanlage und/oder um ein Portfolio zu stabilisieren. (7)

Staaten haben ein geringes Ausfallrisiko

Staatsanleihen sind im Vergleich zu anderen Anlageformen gering verzinst, weil das Ausfallrisiko generell als niedrig eingeschätzt wird. Obwohl Staaten als ausfallsicher gelten, sind die gebotenen Zinssätze aber bei weitem nicht einheitlich. Gut vergleichbar sind hier die Anleihen der Staaten der Eurozone. Da alle Anleihen in gleicher Währung nominiert sind, kann die unterschiedliche Höhe der Zinssätze daher lediglich aus der unterschiedlichen Einschätzung des Ausfallrisikos des Emittenten resultieren. Es zeigte sich bereits in der Vergangenheit, dass gerade die Länder am Rand der Eurozone, die sogenannten PIIGS (Portugal, Italien, Irland, Griechenland, Spanien), schon immer höhere Zinsen bezahlen mussten als beispielsweise Deutschland oder Frankreich. Von den Märkten wurde das Ausfallrisiko also längst als erhöht wahrgenommen. (2)

Angst vor Ausfall treibt den Zins hoch

In den vergangenen Wochen und Monaten wurde die Angst vor einem Ausfall Griechenlands bereits als so hoch empfunden, dass die Zinsen in astronomische Höhen geschnellt sind. Dennoch wurde Griechenland in letzter Sekunde von den Euroländern gemeinsam mit dem IWF gerettet und die Gläubiger werden wohl keine Verluste haben. Stattdessen muss Griechenland mit dem Rettungsgeld sehr teure Kredite zurückzahlen. Letztlich profitieren von der Angst der Märkte damit nun die Gläubiger. (1) , (7)

Wie sicher sind Staatsanleihen?

Betrachtet man die Entwicklung Griechenlands, dann stellt sich die Frage, wie sicher Staatsanleihen tatsächlich sind. Griechenland wurde zwar gerettet und ist damit für ein bis zwei Jahre sicher. Frühestens dann wird sich zeigen, ob das Land langfristig stabil bleibt. Die Entschuldung von Staaten setzt in der Regel zwei Jahre nach Ausbruch einer Finanzkrise ein und dauert sechs bis acht Jahre. Dieser Prozess dürfte im Fall von Griechenland wohl tendenziell sogar mehr Zeit beanspruchen. Eine wichtige Rolle beim Wirtschaftswachstum spielen die Exporte. Aufgrund der globalen Dimension der Verschuldung ist eine derzeitige Ausweitung der Exporte aber unwahrscheinlich.
Es ist fraglich, wie hilfreich im Zusammenhang mit

Staatsanleihen das Urteil von Rating-Agenturen noch ist. Sie haben zwar im Prinzip recht behalten, da Griechenland bisher nicht zahlungsfähig geworden ist. Aber werden sie auch schnell genug reagieren und warnen, wenn Griechenland tatsächlich noch ausfallen sollte? Dies muss die Zukunft zeigen. Staatsanleihen weisen damit auf jeden Fall mittlerweile ein unangenehmes Risikoprofil auf: sie sind vermeintlich langfristig sicher, werfen aber nur eine geringe Rendite ab. Sollte ein Staat auf die Zahlungsunfähigkeit zusteuern, so bestimmen politische Entwicklungen, ob der Staat gerettet wird oder nicht. Dies ist jedoch für Investoren kaum vorhersehbar, und so kann ihnen eigentlich nur empfohlen werden, sich schnellstmöglich von Staatsanleihen zu trennen, sobald es Turbulenzen gibt. Eine aktive Portfoliobewertung gewinnt vor diesem Hintergrund auf jeden Fall an Bedeutung. (6) , (7)

Trends

Neues Geschäftsmodell für Banken?

Wie sich herausstellte, sind es im Fall von

Griechenland hauptsächlich Banken, die die Staatsanleihen gekauft haben. Nun wurde schon der Vorwurf laut, dass die Banken die Angst an den Märkten möglicherweise absichtlich geschürt haben, um die Zinsen hochzutreiben und dann Griechenland zu hohen Zinsen mit Geld zu versorgen. Das war faktisch nur möglich, weil sie relativ sicher darauf zählen konnten, dass Griechenland am Ende gerettet wird und sie nicht auf ihren Krediten sitzenbleiben. Ob der Vorwurf gerechtfertigt ist, ist schwer zu beurteilen. Gerade in Deutschland wird der Großteil griechischer Anleihen seit Jahren von den Landesbanken, der Hypo Real Estate und der Commerzbank gehalten. Durch die lange Haltefrist kann in diesem Fall eigentlich ein Spekulationshintergrund so gut wie ausgeschlossen werden. Eher im Verdacht stehen all jene Banken, die erst in den vergangenen zwei bis drei Monaten in griechische Staatsanleihen investiert haben. Welche Banken das sind, darüber ist leider kaum etwas bekannt. (4)

Neuer Risikoindex für Länder - höheres Risiko auch für Deutschland und USA?

Ein neuer Indikator - der Fiscal Risk Index -

untersucht, inwieweit der Markt die Risiken Staatsanleihen korrekt einschätzt. In einer Studie hat Vontobel damit "günstige" und "teure" Staatsanleihen identifiziert. Der Vontobel Risk Index setzt sich aus sieben Unterindizes zusammen und will damit eine möglichst objektive Einschätzung des Länderrisikos erzielen.
Überraschend für viele sind hier die recht hohen Risikoindezes auch für Deutschland und die USA im Gegensatz zu den guten AAA-Ratings von S&P oder Fitch. Hier fallen Punkte wie die nicht vollständig geklärte Finanzierung des Gesundheitswesens, das hohe Primärdefizit 2010 und die kurze durchschnittliche Laufzeit der Schulden ins Gewicht. Könnte sich hier die Ausweitung der europäischen Schuldenkrise möglicherweise negativer auf Deutschland auswirken als angenommen? (7)

Fallbeispiele

Sorglos: die Norwegen-Anleihe

Der Trubel um Griechenland lässt Anleihen aus Nicht-Eurostaaten attraktiver erscheinen. Wer Staatsanleihen kauft, sucht normalerweise eine langfristige und sichere Anlage - und da wird er derzeit von Norwegen gut bedient. Das Land besitzt

bei den kritischen Themen Staatsverschuldung und -bonität eine weiße Weste. Die Wirtschaftskrise konnte Norwegen kaum etwas anhaben, und die Haushaltspolitik weist ebenfalls keine Auffälligkeiten auf.
Lediglich eine neue Wirtschaftskrise könnte den Aufschwung abbremsen, aber jede solche Krise würde Euro-Länder mit Sicherheit härter treffen, als Norwegen. Die norwegische Staatsanleihe kann daher derzeit als sicher bezeichnet werden. (3)

Frankreich platziert Anleihe mit 50 Jahren Laufzeit

Frankreich konnte problemlos eine Staatsanleihe mit 50 Jahren Laufzeit im Volumen von 5 Milliarden Euro platzieren. Insgesamt gingen Gebote über 8,3 Milliarden Euro ein. Die Rendite ist mit rund 4,10 Prozent unspektakulär. Die neue Anleihe soll in der Zukunft je nach Nachfrage aufgestockt werden. Als Käufer solcher Anleihen werden vor allem Versicherer genannt. (5)

Weiterführende Literatur

(1) Teure Spekulantenjagd
aus WirtschaftsWoche NR. 014 VOM 03.04.2010 SEITE

096

(2) Kampf um die Rettung
aus WirtschaftsWoche NR. 018 VOM 03.05.2010 SEITE 024

(3) Krone aufgesetzt
aus WirtschaftsWoche NR. 016 VOM 19.04.2010 SEITE 115

(4) Alle pleite. Der große Trick.
aus WirtschaftsWoche NR. 018 VOM 03.05.2010 SEITE 018

(5) Frankreich plaziert Anleihe mit 50 Jahren Laufzeit
aus Frankfurter Allgemeine Zeitung, 11.03.2010, Nr. 59, S. 21

(6) Arme Schweine Eine Reihe von Euro-Ländern sind gefährlich überschuldet. Die Bondmärkte stehen Kopf. Das Ausfallrisiko von Staatspapieren scheint größer als das von Unternehmensanleihen. Welchem Risikomaß kann man noch trauen?
aus Capital vom 01.03.2010, Seite 108-110

(7) STAATSANLEIHEN NOCH SICHER?
aus Finanz und Wirtschaft vom 05.05.2010, Seite 12

Impressum

Staatsanleihen - sicher oder doch nicht?

Bibliografische Information der deutschen Nationalbibliothek

Die Deutsche Nationalbibliothek verzeichnet diese Publikation in der deutschen Nationalbibliografie; detaillierte bibliografische Daten sind im Internet über http://dnb.d-nb.de abrufbar.

ISBN: 978-3-7379-0497-1

© 2015 GBI-Genios Deutsche Wirtschaftsdatenbank GmbH, Freischützstraße 96, 81927 München, www.genios.de

Alle Rechte vorbehalten. Dieses Werk ist einschließlich aller seiner Teile – z.B. Texte, Tabellen und Grafiken - urheberrechtlich geschützt. Jede Verwertung außerhalb der Grenzen des Urheberrechtsgesetzes bedarf der vorherigen Zustimmung des Verlags. Dies gilt insbesondere auch für auszugsweise Nachdrucke, fotomechanische Vervielfältigungen (Fotokopie/Mikroskopie), Übersetzungen, Auswertungen durch Datenbanken oder ähnliche Einrichtungen und die Einspeicherung und Verarbeitung in elektronischen Systemen.